NOCH MEHR

KUNST AUFRÄUMEN

URSUS WEHRLI

MIT EINEM VORWORT VON
ALBRECHT GÖTZ VON OLENHUSEN

KEIN & ABER

Atelierbesuch bei Meister Wehrli

Kaum hatte ich den Auftrag erhalten, die Werke des Künstlers Ursus Wehrli zu begutachten, mussten sogleich vertrauensbildende Maßnahmen beginnen. Denn ich wusste von seinem ungemein rührigen, gleichwohl aber diskreten Zürcher Verleger, dass auf der goldgeprägten Visitenkarte und an dem von Modezar Karl Lagerfeld entworfenen schmiedeeisernen Tor seines parkumrahmten Ateliersitzes die abschreckende Notiz prangte: »Besuche bitte unterlassen, es ist nie jemand anzutreffen. Fernsprecher haben wir nicht!« Die Aufgabe der Begutachtung war umso schwerer zu lösen, als der Meister seine Adresse strikt geheim hielt. Eine für gewisse Gaben empfängliche Agentin versicherte mir schließlich, dass ich ihn vielleicht in der Umgebung der Hotels Baur au Lac oder Dolder oder am Seeufer finden würde.

Wie viele unnötige Wege habe ich dorthin unternommen, hauptsächlich durch Nobelrestaurants, durch Beizen, Kneipen, Clubs, Kaschemmen und Absteigen, die von Künstlern besucht zu werden pflegen, bis ich auf den Gedanken verfiel, bei renommierten Kunsthändlern der Stadt nachzufragen. Bei einigen hatte ich schon geforscht. Immer dieselbe Antwort: »Monsieur Wehrli? Adresse unbekannt.«

Endlich in der Bahnhofstraße: »Wehrli? Warten Sie, ich erkläre Ihnen den Weg.« Ich stürzte zum Haus. Umsonst. Wehrli war kürzlich umgezogen, natürlich ohne seine neue Adresse zu hinterlassen. Erst der maßgebliche Kunstkritiker der Stadt – sein Name sei Schall unc Rauch – der über ihn die ganz und gar unverschämte nur von Neid und Missgunst diktierte Äußerung getar hatte: »Die alpdruckartigen Visionen dieser auf Bütter und Leinwand hingesudelten Scheußlichkeiten übertreffen das Maß jeder gesetzlich erlaubten Kunstverschandelung«, verriet mir die Anschrift.

Nicht ohne Scheu betrat ich das sich über mehrere Etagenebenen erstreckende weitläufige Atelier. Der berühmte Künstler gilt als äußerst ungesellig. Mit einem rotsamtenen Käppi auf dem Haupt, mit wallender, abe präzise ondulierter schwarzer Löwenmähne und i schlohweiße Seide gewandet empfing er mich wider Erwarten äußerst liebenswürdig und huldreich. Er trug a diesem Tage – übrigens eine eigene Erfindung – eine Krawatte aus Elfenbein, deren Farbe er je nach Beliebe wechselte. Während ich die zahlreichen Werke, die seine Wände schmückten, betrachtete – unordentliche Ölgemälde von Léger, Kandinsky, Miró, Picasso, ein fixierte Maltisch von Daniel Spoerri, ziemlich unerotische Plastiken von Niki de Saint Phalle, wirre Landschaften vo Breughel, ein unsymmetrisches einohriges Selbstbildni von van Gogh, sowie einige Rembrandts, da Vincis unc Dürers, allesamt ersichtlich heftige Herausforderunge für den Weltordnungskünstler und Ordnungsdiktator - bemerkte ich, dass drei Schüler des Meisters mit scharfen Skalpellen (ich hörte später: aus dem Nachlass de großen Chirurgen Sauerbruch stammend) Ölbilder von Seurat, Klee, Picasso, Roy Lichtenstein und eine Pelztasse fein säuberlich zerlegten und präzise in exakt gleichförmige viereckige Stücke zerteilten. »Den Seurat habe ich vor ein paar Wochen in New York bei einer Auktion von Sothebys ersteigert – zu einem Spottpreis, hing einige Jahre bei Getty, aber der konnte das Chaos wohl nicht mehr ertragen.«

Noch viele Stunden verbrachte ich beim Meister in trautem Gespräch – umringt von bildschönen, pfeilgrad gewachsenen, wie maßgeschneiderten und mandeläugigen Modellen samt einer Kompanie eifriger Schüler – bei chinesischem Tee und feinstem andalusischem Gebäck, die ein indischer Diener auf elegantem blauen Meißner Porzellan servierte, bevor man allmählich zu Austern, Kaviar und Champagner überleitete. Kein Misston störte die Gespräche, die zwischen Philosophie, künstlerischer Fachsimpelei und zuweilen herben oder gar harschen Anweisungen an seine Adepten der Kunst wechselten. Und nur eines einzigen, aber heftigen Wutausbruchs wurde ich Zeuge, als ihm unversehens eine hervorragend imitierte Farblithographie vor Augen kam, die ein anderer Künstler unerlaubt von einem seiner Werke gemacht hatte: »Wer hat es gewagt...«, aber im selben Atemzug fuhr er gütig fort: »Der Schweinekerl, der das gemacht hat, kann aber wirklich etwas. Anders als die im Louvre, im Prado, in den Uffizien und in der Tate-Gallery. Als nächstes werde ich mal in Paris, Madrid, London, etc. etc. an Ort und Stelle tüchtig aufräumen!«

Bei diesen Abschiedsworten überkamen mich plötzlich leise Zweifel. Mit wem hatte ich gesprochen? War das überhaupt Wehrli? Oder hatte der klaustrophobe Meister, der jedes Museum bekanntlich scheut wie der Teufel das Weihwasser, vielleicht sogar sein eigenes Atelier aufs Gründlichste gesäubert und sich schließlich selbst durch ein ordentlich abartiges Duplikat ersetzt?

Dr. Albrecht Götz von Olenhusen, Expert Comptable, Chefredakteur des Journal des Artistes.

Pollocks *Convergence: Number 10* aufräumen

750 ml

Baechlers *Abstract Painting with Standing Figure* aufräumen

Schieles *Liegender weiblicher Akt* aufräumen

Jasper Johns
Cicada aufräumer

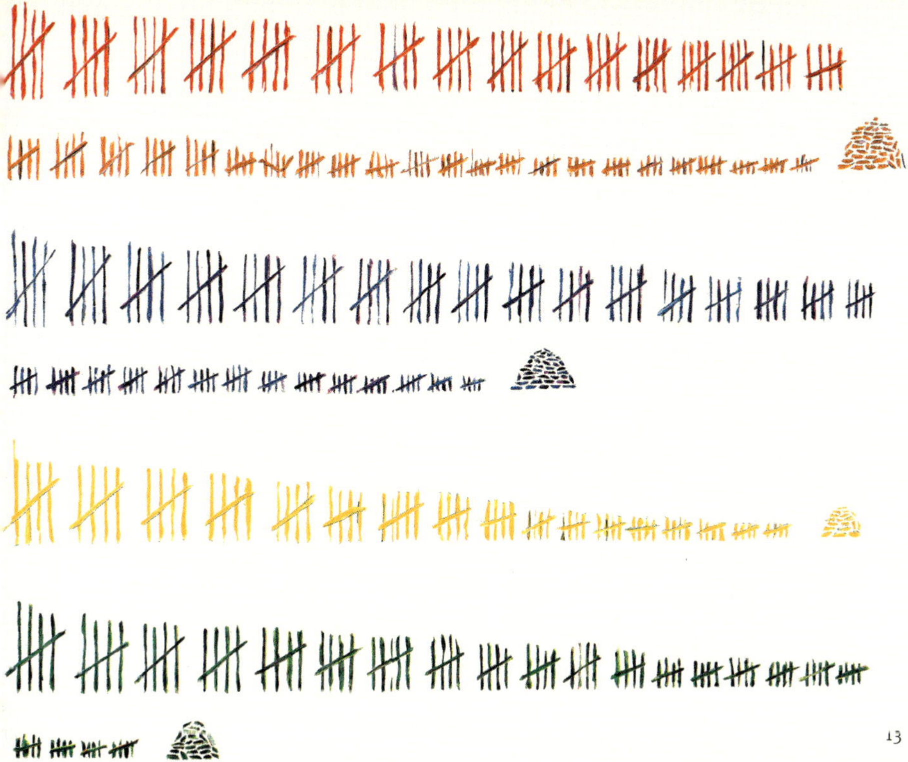

Picasso

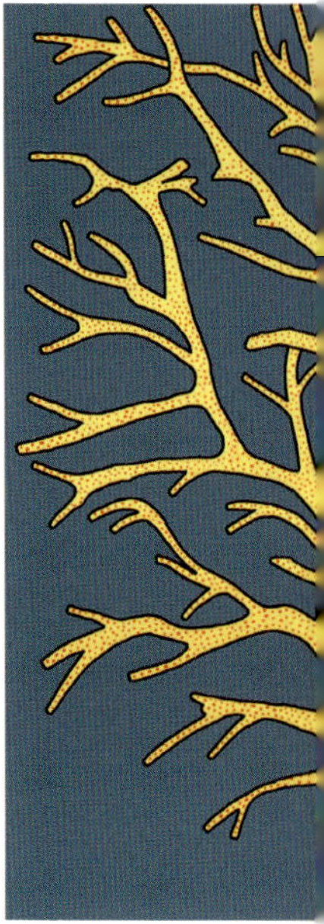

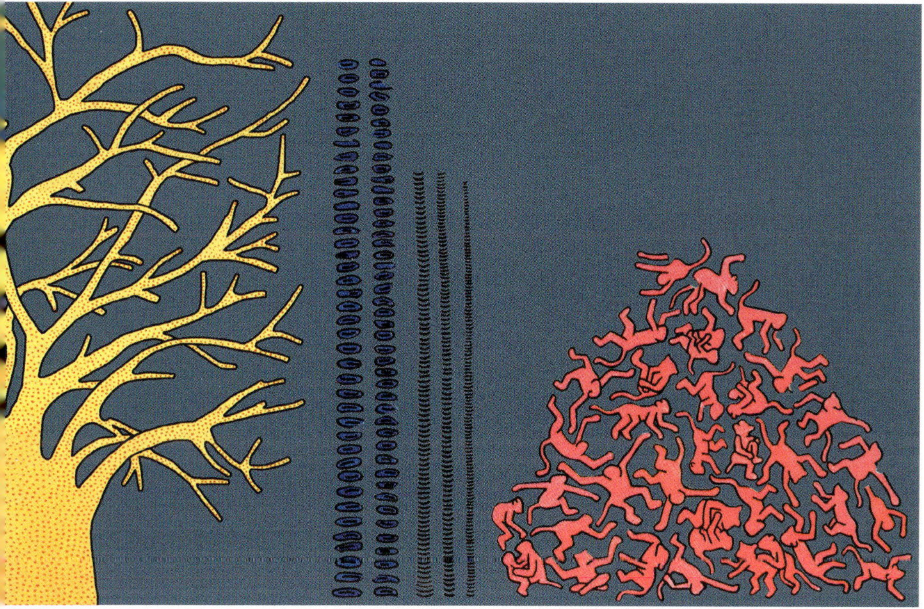

Ceci n'est pas une pipe.
Magritte

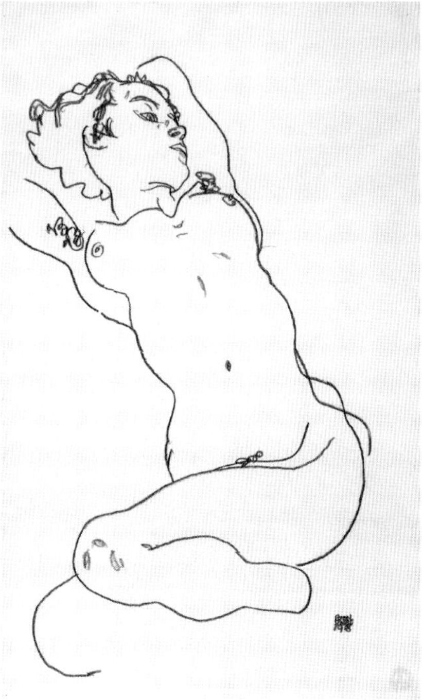

Toulouse-Lautrecs *Moulin Rouge – La Goulue* aufräumen

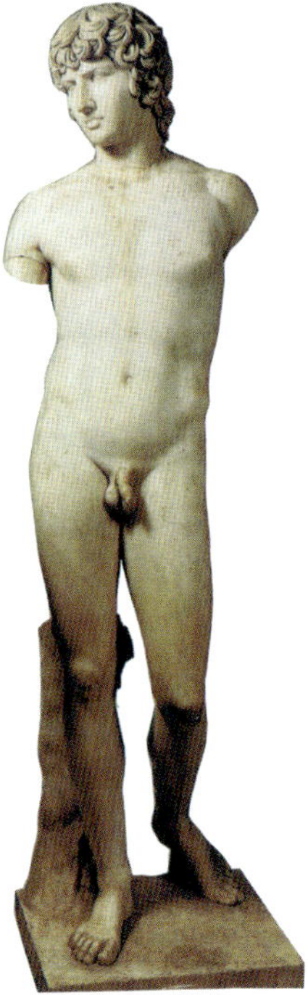

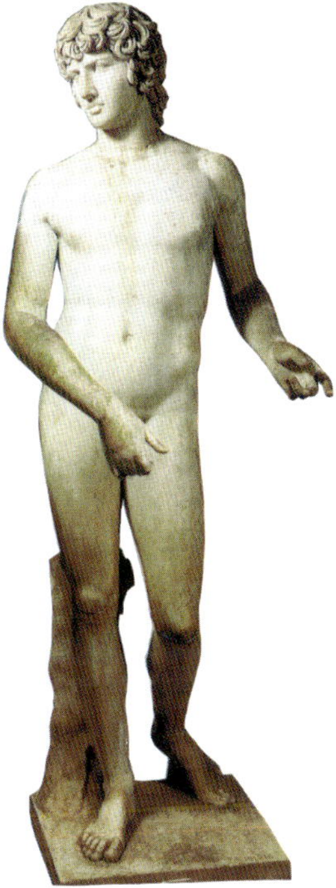

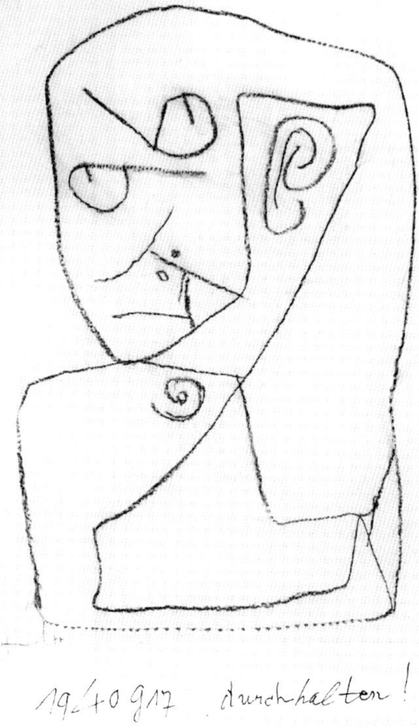
1940 917 durchhalten!

pp
Ped.
Ped.
Ped.
1.
2.
Ped.
Ped.

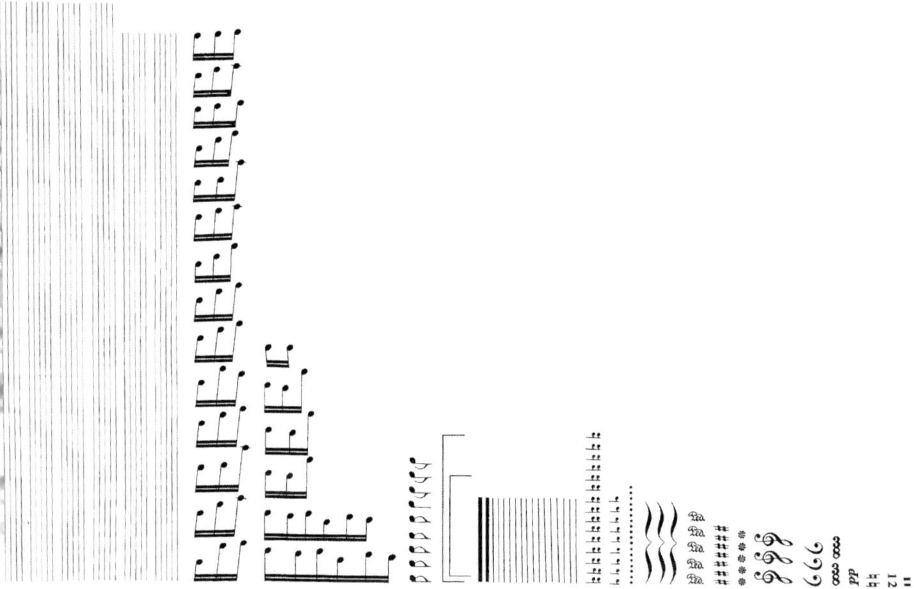

GRRRRRRRRRRR!!

x 5711

Bildlegenden & Nachweise

4 Jackson Pollock, Convergence: Number 10, 1952
Oil on canvas, overall: 93 1/2 x 155" (237,49 x 393,7 cm), Albright-Knox Art Gallery, Buffalo, NY, Gift of Seymour H. Knox, Jr., 1956, Bildvorlage: © Albright-Knox Art Gallery, Buffalo, NY, Fotografie: Biff Henrich, © 2005, Pollock-Krasner Foundation / ProLitteris, Zurich

6 Donald Baechler, Abstract Painting with Standing Figure, 1986
© 2008, Pro Litteris, Zürich

8 Keith Haring, ohne Titel, 1982
© The Estate of Keith Haring

10 Egon Schiele, Liegender weiblicher Akt, 1917
Inv. Nr. B 2782, Moravian Gallery, Brno, Bildvorlage: © Moravian Gallery, Brno, Fotografie: Irena Armutidisová

12 Jasper Johns, Cicada, 1979
Collection of the Artist, Bildvorlage: © Jasper Johns, Fotografie: Dorothy Zeidman, © 2005, ProLitteris, Zurich

14 Georges Seurat, Les Poseuses, 1886–88
The Barnes Foundation, Merion, Bildvorlage: © reproduced with the Permission of The Barnes Foundation ™, BF # 811. All rights reserved.

16 Victor Vasarely, Zèbres, 1937
© 2005, ProLitteris, Zurich

18 Meret Oppenheim, Das Frühstück im Pelz, 1936
Objekt, Pelzbezogene Tasse, Untertasse und Löffel Museum of Modern Art (MoMA), New York, Bildvorlage: © 2004 Photo SCALA, Florenz, DIGITAL IMAGE © 2003, The Museum of Modern Art, New York / Scala, Florenz, © 2005, ProLitteris, Zurich

20 Pablo Picasso, L' Autruche, 1942
Musée national Picasso, Paris, © 2005, Succession Picasso / ProLitteris, Zurich

22 Keith Haring, Tree of Monkeys, 1984
Privatsammlung, Bildvorlage: © The Estate of Keith Haring

24 René Magritte, La trahison des images (Ceci n'est pas une pipe), ca. 1928–29
Los Angeles County Museum of Art, purchased with funds provided by the Mr. and Mrs. William Preston

Harrison Collection, Bildvorlage: Fotografie © 2004 Museum Associates / LACMA, © 2005, ProLitteris, Zurich

26 Paul Klee, das Auge, 1938, 315 (T 15)
45/46 x 64,5/66,5 cm, Pastell auf Jute auf Karton, Privatbesitz, Schweiz, Inv. Nr. 923, Ref. Nr. 7517, Bildvorlage: © Paul-Klee-Stiftung, Kunstmuseum Bern, © 2005, ProLitteris, Zurich

28 Egon Schiele, Liegender weiblicher Akt mit angezogenen Beinen, 1918
Inv. Nr. 32743, Graphische Sammlung Albertina, Wien, Bildvorlage: © Albertina, Wien

30 Henri de Toulouse-Lautrec, Moulin Rouge – La Goulue, 1891
Privatsammlung

32 Hadrian's young favourite, Antinous, 130–138 n. Chr.
Marmor, Museo Archeologico Nazionale, Neapel
Venus von Milo, 2. Jahrhundert v. Chr.
Musée du Louvre, Paris

34 Paul Klee, durchhalten!, 1940, 337 (G17)
29,6 x 20,9 cm, Pastellkreide auf Konzeptpapier, Marke Biber, mit Leimtupfen auf gefaltetem Karton; Abdruck der Pastellkreide auf der umgefalteten Kartonhälfte verso, Paul-Klee-Stiftung, Kunstmuseum Bern, Inv. Nr. Z 2234, Bildvorlage: © Paul-Klee-Stiftung, Kunstmuseum Bern, © 2005, ProLitteris, Zurich

36 Fernand Léger, Les grands plongeurs noirs, 1944
Musée national d'Art moderne, Centre Georges Pompidou, Paris, Bildvorlage: © Foto RMN / Jacques Faujour / Musée national d'Art moderne, Centre Georges Pompidou, Paris / bpk Berlin © VG Bild-Kunst, Bonn 2004

38 Ludwig van Beethoven, Für Elise, 1808–10

40 Roy Lichtenstein, Grrrrrrrrrrr!!, 1965
Solomon R. Guggenheim Museum, New York, Bildvorlage: © The Solomon R. Guggenheim Foundation, New York, © 2005, ProLitteris, Zurich

42 Kasimir Malewitsch, Schwarzer Kreis, ca. 1923
The State Russian Museum, Bildvorlage: © 2004, State Russian Museum, St. Petersburg

Ursus Wehrli, Jahrgang 1969, ist immer noch Linkshänder, Querdenker und gelernter Typograf. Seit 17 Jahren tourt er zusammen mit Nadja Sieger als Komikerduo *Ursus & Nadeschkin* zwischen Beinwil, Basel, Berlin und New York und wurde in dieser Konstellation mehrfach ausgezeichnet – zuletzt mit dem »New York Comedy Award«, dem »Salzburger Stier« und dem »Deutschen Kleinkunstpreis«. Ursus Wehrli lebt als Komiker, Kabarettist und freischaffender Künstler in Zürich und macht auf expliziten Wunsch auch Live-Performances zu seinem Buch. Dass er auf die Idee des *Kunst aufräumens* gekommen sei, als er eines Morgens beim Brötchenholen vom Winteranfang überrascht wurde und an den Ohren fror, ist ein Gerücht. Wahrscheinlicher ist, dass die Idee im Anzeigenteil einer Tageszeitung stand, deren einziger Abonnent er ist.

www.ursusnadeschkin.ch

Weiterhin lieferbar:

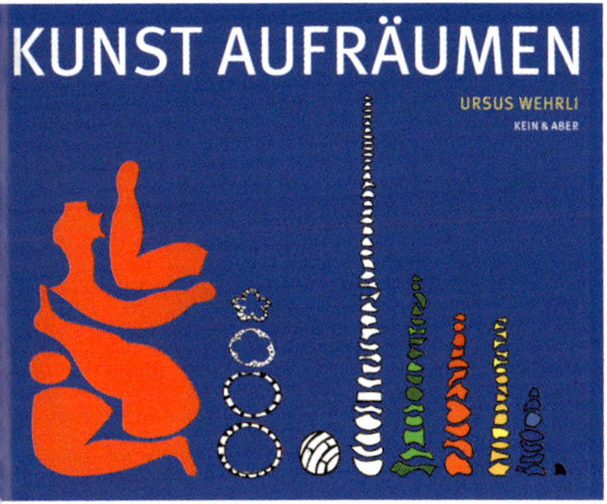

RSUS WEHRLI
unst aufräumen
it einem Vorwort von Albrecht Götz von Olenhusen
8. S., geb., Format 27 x 21 cm, ISBN 978-3-0369-5200-0

uch im handlichen Pocketformat lieferbar:
8 S., geb., Format 13,5 x 10,5 cm, ISBN 978-3-0369-5221-5

URSUS WEHRLI
Noch mehr Kunst aufräumen
Mit einem Vorwort von Albrecht Götz von Olenhusen
48. S., geb., Format 27 x 21 cm, ISBN 978-3-0369-5223-9

Großen Dank an meine Eltern,
Brigitta Schrepfer und Nadja Sieger

Umschlagbild: Paul Klee, das Auge, 1938

Gestaltung: Nicholas Ditzler
Mitausschneiderin: Caroline Schubiger
Fotos: Franz Rindlisbacher (S. 5, 19, 29, 43) /
Geri Born (S. 15)
Scans und Bildbearbeitung: Max Huber Communication,
Oberrieden
Gesamtherstellung: Kösel GmbH, Altusried-Krugzell

ISBN 978-3-0369-5231-4